PETIT

ALPHABET

DES ARTS ET MÉTIERS

Edition ornée de Gravures.

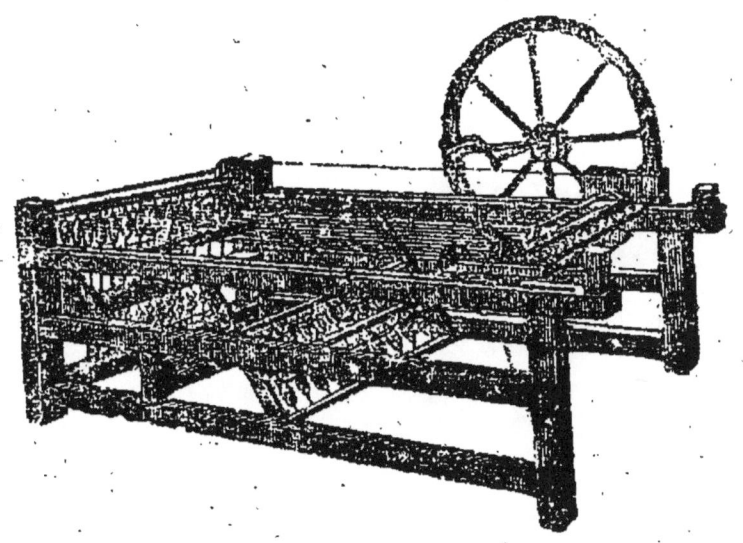

PARIS

F. F. ARDANT FRÈRES, LIBRAIRES,

25, quai des Augustins.

PETIT
ALPHABET

DES ARTS ET MÉTIERS

ÉDITION ORNÉE DE GRAVURES

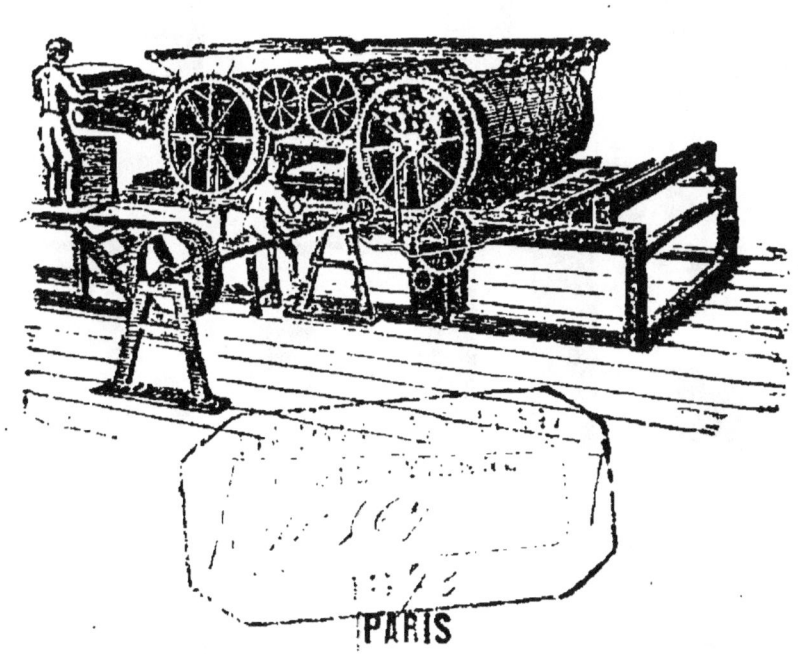

PARIS

F. F. ARDANT FRÈRES, ÉDITEURS,

25, Quai des Augustins.

(2)

A B C

D E F

G H I J

K L M

(3)

N O P

Q R S

T U V

X Y Z

(4)

† A B C D
E F G H I
J K L M N
O P Q R S
T U V X Y
Z Æ Œ Ç
1 2 3 4 5 6 7 8 9 0

✢ a b c d
e f g h i j k
l m n o p q
r s t u v x y
z æ œ ff fi
ffi fl ffl ç w

MAJUSCULES ITALIQUES.

A B C D E F G
H I J K L M N
O P Q R S T
U V X Y Z

MINUSCULES ITALIQUES.

a b c d e f g h i
j k l m n o p q
r s t u v x y z

LETTRES ANTIQUES.

A B C D E F G H I J K L M N
O P Q R S T U V X Y Z

LETTRES ÉGYPTIENNES.

A B C D E F G H I J K L M
N O P Q R S T U V X Y Z

MAJUSCULES ALLONGÉES.

A B C D E F G H I J K L M
N O P Q R S T U V X Y Z

LETTRES-BOIS.

A B C D E F G H I J K L M
N O P Q R S T U V X Y Z

VOYELLES.

a e i o u y

CONSONNES.

b c d f g h j k l m
n p q r s t v x z

LETTRES ACCENTUÉES.

à è ì ò ù â ê î ô û
é ë ï ü

CHIFFRES

Un Deux Trois Quatre Cinq Six Sept Huit Neuf Zéro
1 2 3 4 5 6 7 8 9 0

Architecte.

Boucher.

Chaudronnier.

Distillateur.

Ébéniste.

Forgeron.

Graveur.

Horloger.

Imprimeur.

Jardinier.

2

K

Luthier.

Maçon.

Navigateur.

Oiseleur.

Peintre.

Quincailler.

Relieur.

Sculpteur.

Tonnelier.

Usurier.

Vigneron.

X   Y

Z

Ba be bi bo bu
Ca ce ci co cu
Da de di do du
Fa fe fi fo fu
Ga ge gi go gu
La le li lo lu
Ma me mi mo mu
Na ne ni no nu
Pa pe pi po pu
Qua que qui quo quu

Ra re ri ro ru
Sa se si so su
Ta te ti to tu
Va ve vi vo vu
Xa xe xi xo xu
Ya ye yi yo yu
Za ze zi zo zu

---

an | on | un | or |
et | au | s'y | est |
lui | pas | loi | jeu |

air | mur | nous |
mais | vous | fils |
point | temps |
dans | jours | dix |
corps | mains |
dent | pied | le |
pont | tour | le |
long | haut | les |
banc | bois | du |
cent | deux | si |

â me | pè re | an-ge | tê te | heu re | pa ge | en fer | es-prit | com me | beau coup | em-ploi | pre mier | clas se | li vre | ta ble | se cond | pren dre | a mi | ciel | tré sor |

sain te | mê me |
vil le | ap pel |
se cours | gla ce |
fau te | dé faut |
ver tu | fix er |
Mes se | si gnal |
gout te | ex il |
lar me | ar bre |
ha ïr | dé cret |
tas se | ai mer |

Pa ra dis | é co-
le | A pô tre |
é toi le | E gli-
se | dis ci ple |
o rai son | doc-
tri ne | pa ro le |
pen si on | nou-
vel le | vil la ge |
fa mil le | sain te |
Vier ge.

Au nom du Père, et du Fils, et du Saint Esprit. Ainsi soit-il.

L'ORAISON DOMINICALE.

No tre Pè re, qui ê tes aux cieux, que vo- tre Nom soit sanc ti fi é ; que vo tre rè gne ar- rive ; que vo tre vo lon té soit fai te en la ter-re com me au ciel : don nez-nous au jour-d'hui no tre pain quo ti di-en ; et nous par-don nez nos of-fen ses com me

nous par don-
dons à ceux qui
nous ont of fen-
sés ; et ne nous
lais sez pas suc-
com ber à la
ten ta ti on ; mais
dé li vrez - nous
du mal.

Ain si soit - il.

LA SALUTATION ANGÉLIQUE.

Je vous salu e, Ma ri e, plei ne de grâce ; le Sei gneur est a vec vous ; vous ê tes béni e en tre toutes les fem mes, et Jé sus, le fruit de vos en trail-les, est bé ni. Sain te Ma ri e, Mè re de Dieu, pri ez pour nous pau vres pé-cheurs, main te-nant et à l'heu-re de no tre mort. Ainsi soit-il.

LE SYMBOLE DES APOTRES.

Je crois en Dieu le Père tout-puissant, créateur du ciel et de la terre, et en Jésus-

Christ, son Fils u ni que No tre Sei gneur, qui a é té con çu du Saint Es prit, est né de la Vier ge Ma ri e, a souf fert sous Pon ce Pi la te, a é té cru ci fi é,

est mort, et a
é té en se ve li,
qui est des cen-
du aux en fers,
et le troi si è me
jour est res sus-
ci té des morts;
est mon té aux
cieux, est as sis
à la droi te de

Dieu le Père tout-puissant; d'où il viendra juger les vivants et les morts. Je crois au Saint Esprit, la sainte Eglise Catholique, la Communion des Saints, la ré mis si on des pé chés, la ré- sur rec ti on de la chair, la vi e é ter nel le.

Ain si soit - il.

Limoges. — Typ. F. F. Ardant frères.

www.ingramcontent.com/pod-product-compliance
Lightning Source LLC
Chambersburg PA
CBHW061010050426
42453CB00009B/1364